La condensación

William B. Rice

Asesor

Scot Oschman, Ph.D.
Distrito escolar unificado península de Palos Verdes
Rancho Palos Verdes, California

Créditos

Dona Herweck Rice, *Gerente de redacción*; Lee Aucoin, *Directora creativa*; Don Tran, *Gerente de diseño y producción;* Timothy J. Bradley, *Gerente de ilustraciones*; Conni Medina, M.A.Ed., *Directora editorial*; Katie Das, *Editora asociada*; Neri Garcia, *Diseñador principal*; Stephanie Reid, *Editora fotográfica*; Rachelle Cracchiolo, M.S.Ed., *Editora comercial*

Créditos fotográficos

portada Olga Miltsova/Shutterstock; p.1 Olga Miltsova/Shutterstock; p.4 Marcy Maloy/Getty Images; p.5 PhotoAlto/SuperStock; p.6 Dwight Eschliman/Getty Images; p.7 Cathysbelleimage/Dreamstime; p.8 Alamy/Alaska Stock LLC; p.9 Julián Rovagnati/Shutterstock; p.10 (izquierda) Julián Rovagnati/Shutterstock, (derecha) Simon Bratt/Shutterstock; p.11 ivvv1975/Shutterstock; p.12 SebStock/Shutterstock; p.13 (arriba) Patricia Hofmeester/Shutterstock, (abajo) Kane513/Shutterstock; p.14 Goran Cakmazovic/Shutterstock; p.15 (arriba) Elena Elisseeva/Shutterstock, (abajo) Sergey Lavrentev/Shutterstock; p.16 Luiz Rocha/Shutterstock; p.17 Elwynn/Shutterstock; p.18 Vesilvio/Dreamstime; p.19 Steve Cukrov/Shutterstock; p.20 Alan Egginton/Shutterstock; p.21 Michael Jung/Shutterstock; p.22 Mrorange002/Dreamstime; p.23 (arriba) Stephanie Reid, (abajo) Yolka/Shutterstock; p.24 Ferderic B/Shutterstock; p.25 (arriba) Markus Gann/Shutterstock, (abajo) Daniel Petrescu/Shutterstock; p.26 (arriba) Olga Miltsova/Shutterstock, (abajo) 2happy/Shutterstock; p.27 (arriba a la izquierda) Anna Jurkovska/Shutterstock, (arriba a la derecha) Kristin Duvall/Getty Images, (abajo) Jorge Salcedo/Shutterstock; p.28 Rocket400 Studio/Shutterstock; p.29 Ana Clark; p.32 Martha Davis

---

Teacher Created Materials
5301 Oceanus Drive
Huntington Beach, CA 92649-1030
http://www.tcmpub.com

ISBN 978-1-4333-2588-5

Printed in China
Nordica.082019.CA21901100

Tabla de contenido

Espejo empañado

Respira profundamente. Sopla tu aliento sobre un vidrio o un espejo. ¿Qué ocurre?

El espejo se empaña. Esto tiene un nombre. Se llama **condensación**.

hi

La condensación ocurre cuando el **gas** se transforma en **líquido**. El aire es un gas. El agua es un líquido. El aire cálido de tu aliento toca el espejo frío. El frío transforma el aire en agua.

Dato curioso

Exhala el aire en un día frío. Tu aliento forma un vaho. ¡Eso es condensación!

La condensación es fría

La condensación ocurre todos los días. Ocurre a tu alrededor. Ocurre cada vez que el aire se enfría y se transforma en líquido.

condensación

La condensación es lo contrario a la **evaporación**. La evaporación ocurre cuando el líquido se calienta y se transforma en gas.

¿Puedes ver la evaporación en estas fotografías?

Puedes ver la condensación temprano todas las mañanas. Es el rocío sobre la hierba y otras plantas.

El rocío sobre las telarañas forma hermosos diseños en el sol.

La condensación también ocurre en las nubes. El agua se evapora de la Tierra. Se transforma en gas. El gas se eleva en el aire. Se enfría y se transforma en nubes.

Las nubes son condensación.

Lo mismo que ocurre en las nubes ocurre en tu hogar. Pon hielo en un vaso. Verás que se forma agua en el vaso. También se forma agua debajo del vaso. Eso es condensación.

Dato curioso

La condensación no es agua que se filtra del vaso. Proviene del aire alrededor del vaso.

También puedes sostener la mano sobre un tazón de sopa caliente. (¡No demasiado caliente!) La mano se humedecerá con el vapor. Eso también es condensación.

El vapor de la sopa es evaporación. Cuando el vapor vuelve a transformarse en líquido, entonces es condensación.

El ciclo del agua

La condensación es parte del **ciclo del agua**. El ciclo del agua es cómo cambia el agua. Cambia de forma.

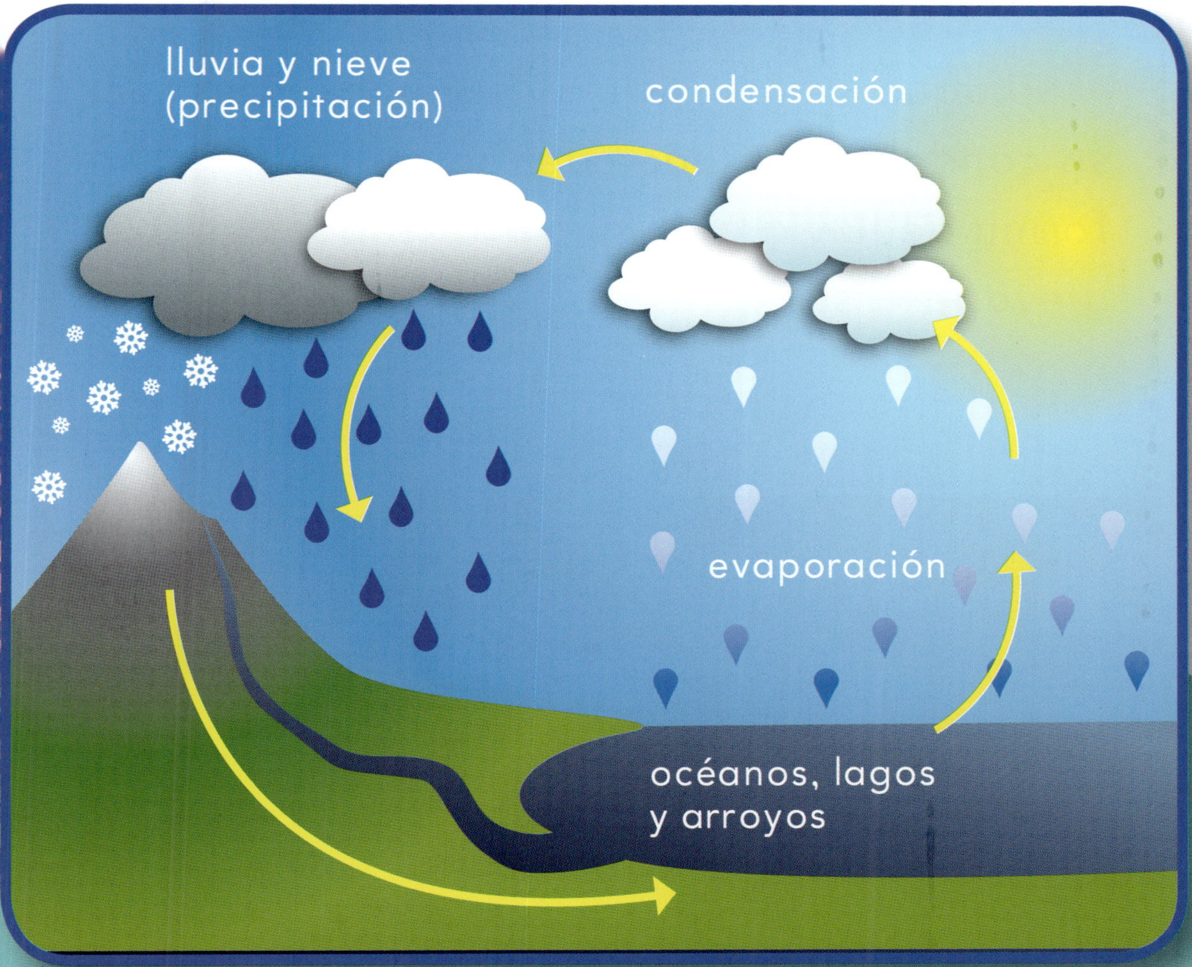
lluvia y nieve
(precipitación)
condensación
evaporación
océanos, lagos
y arroyos

El agua de la Tierra se evapora. Después se condensa. Puede caer sobre la Tierra en forma de lluvia o de nieve. Después vuelve a evaporarse.

condensación

lluvia

La condensación es sólo una parte del ciclo del agua. ¡Pero es una parte importante!

Laboratorio de ciencias: ¿Qué es la condensación?

Ve la condensación en acción al hacer este laboratorio.

Materiales:

- 3 vasos del mismo tamaño
- congelador
- líquido frío, y de color, por ejemplo, un refresco de frutas

Procedimiento:

1. Mira los vasos. Observa que todos son iguales.
2. Pon dos vasos sobre una mesa, uno lejos del otro.
3. Deja el primer vaso vacío. Vierte un líquido frío y de color en el segundo vaso.
4. Pon el tercer vaso en el congelador.

5 Deja los vasos durante 15 minutos.

6 Saca el vaso del congelador y colócalo en la mesa lejos de los otros.

7 Mira los vasos. ¿En cuáles hay condensación y por qué? En el vaso vacío que estaba sobre la mesa no hay condensación. En los otros dos vasos hay condensación. Se enfriaron más que el aire a su alrededor. El aire más cálido tocó los vasos fríos. Eso transformó el aire en líquido.

Glosario

ciclo del agua—el proceso que experimenta el agua cuando pasa de un estado a otro

condensación—la acción de transformar un gas en líquido

evaporación—la acción de transformar un líquido en gas

gas—materia que se expande y flota en el aire

líquido—materia que fluye y puede cambiar de forma

Índice

Una científica actual

Martha Davis es una líder. Trabaja junto a otros científicos para proteger el líquido más importante de la Tierra: el agua. ¡Su trabajo ayudó a recuperar el lago Mono en California! El lago estaba muriendo, pero ahora está prosperando gracias a Martha y a otros como ella.